Adel BERHOUM

Informática 1

Adel BERHOUM

Informática 1

Para estudantes universitários do primeiro ano

ScienciaScripts

Imprint
Any brand names and product names mentioned in this book are subject to trademark, brand or patent protection and are trademarks or registered trademarks of their respective holders. The use of brand names, product names, common names, trade names, product descriptions etc. even without a particular marking in this work is in no way to be construed to mean that such names may be regarded as unrestricted in respect of trademark and brand protection legislation and could thus be used by anyone.

Cover image: www.ingimage.com

This book is a translation from the original published under ISBN 978-620-7-84201-8.

Publisher:
Sciencia Scripts
is a trademark of
Dodo Books Indian Ocean Ltd. and OmniScriptum S.R.L publishing group

120 High Road, East Finchley, London, N2 9ED, United Kingdom
Str. Armeneasca 28/1, office 1, Chisinau MD-2012, Republic of Moldova, Europe
Managing Directors: Ieva Konstantinova, Victoria Ursu
info@omniscriptum.com

Printed at: see last page
ISBN: 978-620-8-53465-3

Conteúdo

CAPÍTULO 1 2
CAPÍTULO 2 18
CAPÍTULO 3 36
Conclusão 55
Bibliografia 56

CAPÍTULO 1

Introdução à informática e aos computadores

1.1 introdução

Neste capítulo, destacamos uma panorâmica histórica dos primeiros investigadores em informática. Em seguida, apresenta-se uma definição pormenorizada de informática e uma explicação das suas partes. O estudo das ciências da computação envolve o estudo sistemático dos processos (como transformações de codificação e algoritmos) que analisam, representam, processam, armazenam, comunicam e acedem à informação. O termo "informação" refere-se normalmente à informação que é codificada em bits e bytes na memória de um computador [1].

1.2 Evolução da informática

Os computadores e a informática surgiram numa só vida e mudaram completamente o nosso mundo. Embora a sua história seja curta, a mudança que provocaram foi rápida e duradoura. Os computadores de hoje [1]

O mundo seria inimaginavelmente diferente sem estas máquinas. Este capítulo descreve sucintamente a evolução da computação e salienta como o seu crescimento está intimamente ligado às preocupações da humanidade digital[2].

1.2.1 Pré-história:

- **Blaise Pascal (1623-1662):** criou a primeira máquina de somar aos 18 anos[3]

.

Figura 1.1: Blaise Pascal (1623-1662).

- **Charles Babbage (1792-1871) :** construiu o primeiro autómato incluindo uma unidade de cálculo programável[4].

[1] https://www.topuniversities.com/courses/computer-science-information-systems/ guide/
[2] https://link.springer.com/chapter/10.1007/978- 3- 031- 45304- 5_3/
[3] https://www.futura-sciences.com/sciences/personnalites/ physique-blaise-pascal-1794/
[4] https://www.larousse.fr/encyclopedie/personnage/Charles_Babbage/ 107024/

Figura 1.2: Charles Babbage (1792-1871).

1.2.2 Primeira geração:

- **1939** : John von Neumann e os seus colegas definem os fundamentos matemáticos do computador. Trata-se de um sistema composto por duas partes[5] :

1: Uma unidade lógica e aritmética capaz de efetuar um número limitado de operações fundamentais.

2: uma memória que contém o programa e os dados.

Figura 1.3: Julian Bigelow, Herman Goldstine, J. Robert Oppenheimer e John von Neumann em frente ao MANIAC, o computador do Instituto de Estudos Avançados.

- **1944** : Primeira máquina de calcular eletrónica, a ENIAC (Electronic Numerical Integrator and Calculator), desenvolvida na Universidade da Pensilvânia. Esta máquina de primeira geração funciona com tubos de vácuo e é arrefecida por um dos maiores sistemas de refrigeração jamais construídos[6] .
- 1951: O UNIVAC 1 da Rank Corporation é o primeiro computador comercial .[7]
- 1954: A IBM (International Business Machine) entra no mercado dos computadores, que se previa não ultrapassar as 100 máquinas[8] .
- 1956: Descrição da primeira linguagem avançada, FORTRAN, que permite

[5]https://www.seas.upenn.edu/about/history-heritage/eniac/
[6]https://www.autodesk.com/products/fusion-360/blog/primeira-calculadora-eletrónica/
[7]https://https://www.history.com/this-day-in-history/ univac-computer-dedicated/
[8]https://www.techno-science.net/definition/409.html/

aos cientistas desenvolverem os seus programas[9] .

1.2.3 Segunda geração :

- **1959 :** Passagem à segunda geração de máquinas[10] : circuitos impressos e transístores. Aparecem novas linguagens: COBOL (definido pela administração americana), AL-GOL60 (primeira linguagem estruturada), BASIC (destinado à iniciação ao FORTRAN) e LISP destinado à investigação no domínio da inteligência artificial. Os cartões perfurados são rei.
- **1963 :** Aparecem os minicomputadores. São computadores destinados a executar tarefas específicas e podem ser incorporados em sistemas (aviões, linhas de montagem, etc.).
- **1965 :** Os computadores podem trabalhar em tempo real, ou seja, orientar os seus programas em função de estímulos externos. É introduzida a "partilha de tempo", ou seja, a mesma máquina pode comunicar ao mesmo tempo com vários utilizadores sentados em frente a terminais.

1.2.4 Terceira geração :

- **1966 :** Os circuitos integrados são utilizados para construir computadores de terceira geração, mais fiáveis e mais baratos.
- **1968 :** As línguas evoluem. Niklaus Wirth define Pascal. São lançados no mercado os primeiros relógios electrónicos.
- **1974 :** A Intel constrói um circuito sem uma utilização bem definida (o primeiro microprocessador) e não vê um mercado para este objeto. O sistema operativo dos computadores mainframe está a tornar-se demasiado complicado. Muitos informáticos desenvolvem linguagens ou sistemas: nascimento da linguagem "C" e do UNIX.
- **1975 :** Os computadores funcionam em "memória virtual". O mercado mundial é constituído por cerca de 250.000 máquinas.
- **1976:** O primeiro microcomputador pessoal da quarta geração é colocado no mercado pela empresa Altair, um kit destinado a "amadores". Contra todas as

[9] https://www.wired.com/2009/10/1015fortran-launch//
[10] https://opentextbc.ca/computerstudies/chapter/classification-of-generations-of-computers/

expectativas, teve um grande êxito comercial, principalmente entre os engenheiros electrónicos [11].

1.2.5 Quarta geração :

- **1978 :** As vendas de microcomputadores estão a aumentar. Programas específicos como o Visicalc são utilizados em micro-máquinas por profissionais de gestão.
- **1980 :** O fenómeno da informática individual é reconhecido pelos meios de comunicação social e modifica significativamente os sentimentos do grande público em relação aos computadores. A informática entra na escola (linguagem LOGO).
- **1982 :** Estão disponíveis novos microprocessadores muito potentes (Intel 8086, MC68000, etc.). A Apple Computer Inc. classifica-se [11]
411° na FORTUNE 500. A linguagem Ada é definida pelo DOD (Departamento de Defesa Americano). (Ada era o primeiro nome de Lady Lovelace, filha de Lord Byron, assistente de Babbage e primeira programadora).
- **1984 :** Aparecimento do primeiro microcomputador exclusivamente gráfico que funciona com um rato: o Macintosh da Apple Computer.
- **1986 :** A tónica é colocada nas ligações em rede. As configurações que incluem várias estações de trabalho ligadas entre si por uma rede são cada vez mais comuns.
- **1990 :** A ênfase é colocada nas chamadas aplicações multimédia que incorporam imagem, som e vídeo em aplicações tradicionais.
- **1995 :** Em termos de redes, a INTERNET está a tornar-se uma questão social. Assiste-se a um crescimento extraordinário do número de computadores ligados (30 milhões). Com o desenvolvimento da World Wide Web (WWW), a consulta e a publicação de documentos gráficos interactivos estão ao alcance de todos.
- **1999 :** A Microsoft está a planear o lançamento do WINDOWS 2000, que já não se baseará no DOS dos anos 80, mas no sistema Window-NT já presente na

---

[11] https://unstop.com/blog/generations-of-computer/

maioria das máquinas.

- **2001 e depois...** O século XXI confirma a omnipresença do computador. A ferramenta está a tornar-se essencial e a nossa sociedade já não pode passar sem ! A nossa dependência da máquina está a tornar-se tal que o mais pequeno um vírus ativo pode ameaçar o bom funcionamento de sectores inteiros da economia[12] .!

1.3 Introdução à informática

1.3.1 Informática o que é ??

- A informática é a ciência do tratamento automatizado da informação através de computadores .[13]
- A ciência é um esforço rigoroso e sistemático que constrói e organiza o conhecimento sob a forma de explicações e previsões testáveis sobre tudo .[14]
- Informação é qualquer entidade que tenha significado para os seres humanos[15] .
- No domínio da informática, a informação pode apresentar-se sob a forma de texto, imagem, som, vídeo ou códigos.
- Tratamento automático: inclui qualquer operação efectuada sobre a informação: criação, modificação, armazenamento, pesquisa, comunicação, etc.
- O computador: é uma máquina eletrónica que pode receber informações e registá-las. Além disso, pode processar essas informações muito rapidamente, de acordo com os programas que foram guardados na máquina.

O computador divide-se em duas partes: a parte do hardware e a parte do software.

- Contribuições da informática:

- Velocidade de processamento da informação.
- Grande capacidade de armazenamento com segurança.
- Informações bem organizadas.
- Facilidade de pesquisa e de acesso à informação, - Facilidade de comunicação.

[12]https://unstop.com/blog/generations-of-computer/
[13]https://jessup.edu/blog/engineering-technology/
o que é a ciência informática/
[14]https://hpi.de/friedrich/research/science/what-is-science.html/
[15] https://typeset.io/questions/what- é- significado- por- informação- como- uma- entidade- f17fygrhfl/

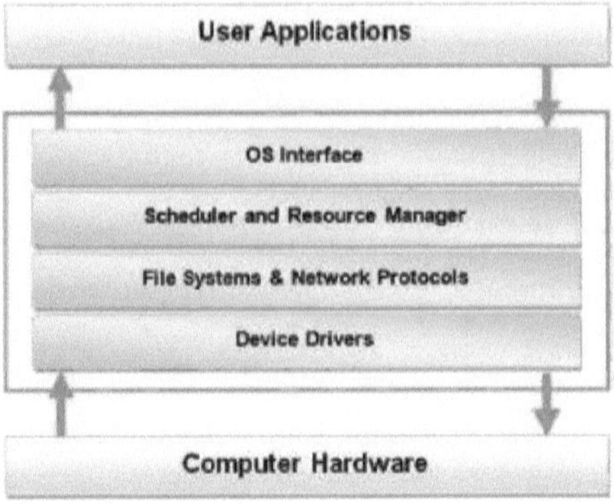

Figura 1.4: Hardware e software de computador.

1.3.2 Arquitetura do PC: "Aspeto "hardware

Designamos por "hardware" o conjunto dos elementos de hardware do computador. Trata-se da parte física do sistema informático. Von Neumann descreveu uma arquitetura com base na qual a maioria dos computadores funciona ainda hoje. Está dividida em:

a. O processador ou unidade central de processamento.
b. Memória primária (memória central).
c. Periféricos.

a. Arquitetura do PC: "Aspeto "hardware

Estes componentes estão ligados entre si por um conjunto de fios eléctricos (designado por barramento), assegurando a transmissão de sinais. Estes componentes estão ligados entre si por um conjunto de fios eléctricos (chamado barramento), assegurando a transmissão de sinais.

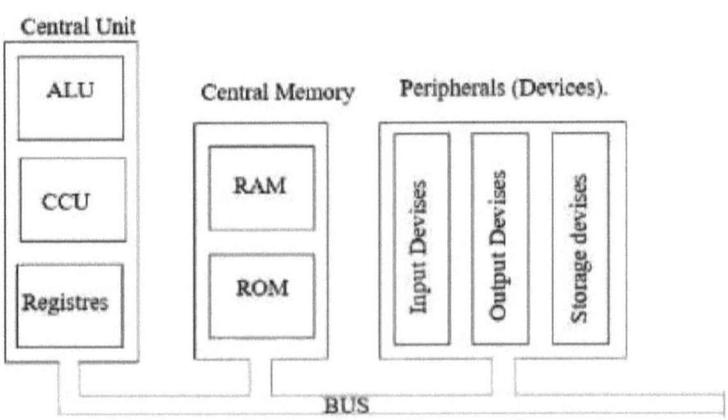

Figura 1.5: Arquitetura do PC "Hardware".

a.1. o processador ou a unidade central

É o elemento funcional central de qualquer computador e é onde se encontra a parte essencial do processamento da informação (é o cérebro do computador)[16] .
A unidade central é constituída por três partes:

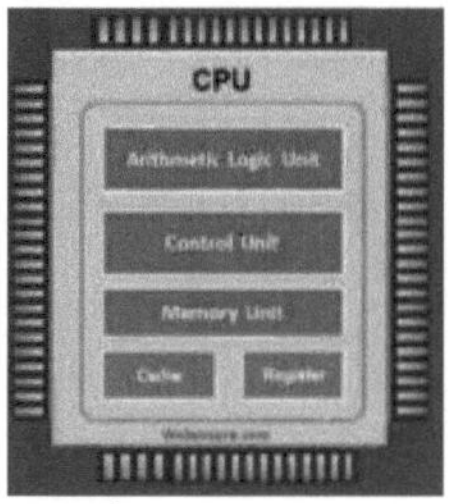

Figura 1.6: O processador ou unidade central.

Unidade aritmética e lógica (A.L.U):

Efectua operações matemáticas (adição, subtração, divisão, multiplicação).
Efectua também operações de tipo lógico (E, OU e NÃO).

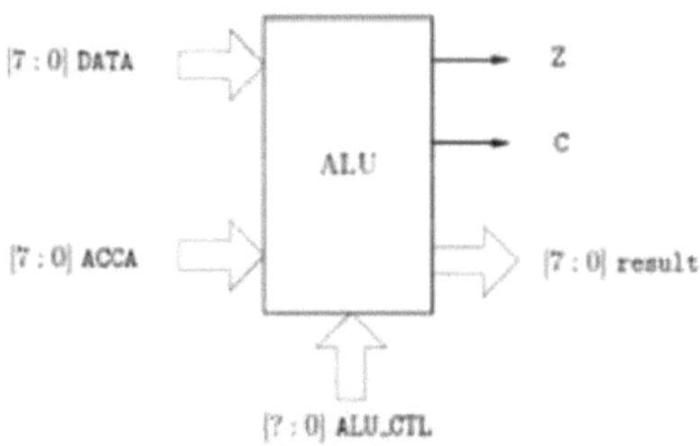

Figura 1.7: Unidade aritmética e lógica (A.L.U).

- Unidade de controlo e comando (C.C.U):

Sincroniza as diferentes partes do computador e harmoniza as diferentes operações de acesso, execução, etc.
A sua função é dirigir e coordenar todo o sistema

[16]https://www.sciencedirect.com/topics/engineering/ central-processing-unit/

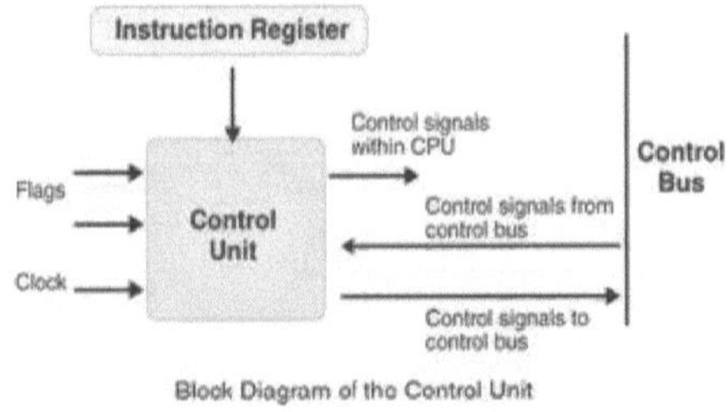

Figura 1.8: Unidade de controlo e comando (UCC).

e controlar a execução correta das instruções de um programa.

- Registos:

Um registo do processador é um dos locais de armazenamento de dados mais pequenos do processador. Um registo pode conter uma instrução, um endereço de armazenamento ou quaisquer outros dados.

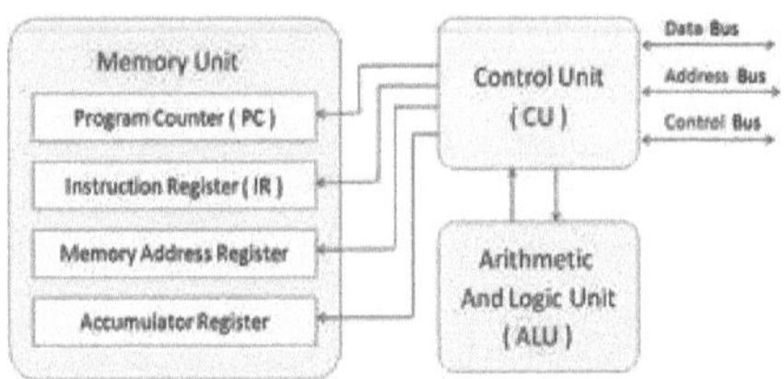

Figura 1.9: Registos do processador.

a.2 Memória central:

Também conhecida como memória principal. Inclui a memória de acesso aleatório (RAM) e a memória só de leitura (ROM) .[17]

[17]https://www.ninjaone.com/it-hub/endpoint-management/ what-is-main-memory

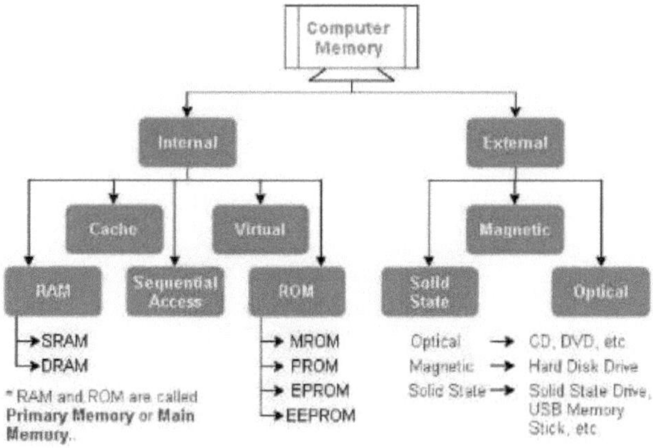

Figura 1.10: Tipos de memória num computador.

- Memória de acesso aleatório (RAM) :

A memória de acesso aleatório (RAM) é o hardware de um dispositivo informático que fornece armazenamento temporário para o sistema operativo (SO).

- Memória só de leitura (ROM) :

Conteúdo permanente, registado durante o fabrico da máquina, necessário para os procedimentos de arranque. Só é acessível para leitura.

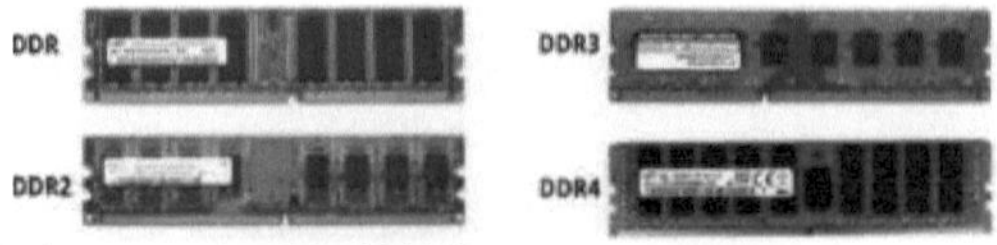

Figura 1.11: Memória de acesso aleatório (RAM).

Figura 1.12: Memória só de leitura (ROM).

a.3 Periféricos (dispositivos) :

É um acessório que podemos ligar a um computador. A ligação é feita através de cabos ligados a portas específicas, geralmente situadas na parte de trás da unidade central. Graças a eles, um computador pode trocar informações com o seu ambiente[18] .

Nós distinguimo-lo:

- Periféricos de entrada (dispositivos):

Permitem que a informação do mundo exterior seja transportada para a memória do computador.

Ex: teclado, rato, scanner, microfone, game-pad, câmara ou webcam.

- Periféricos de saída (dispositivos) :

Permite a transmissão de informações a partir do ecrã do computador memória para o mundo exterior.

Ex: ecrã, impressora, altifalante ou auscultadores.

- Periféricos de armazenamento (dispositivos) :

Permite-lhe guardar as informações.

Ex: Unidade de disquete, unidade de disco, unidade de CD-ROM ou DVDs gravados.

a.4. componentes de hardware do PC :

[18] https://study.com/learn/lesson/computer-peripherals.html

O hardware de computador é um termo coletivo utilizado para descrever qualquer um dos componentes físicos de um computador analógico ou digital. O termo hardware distingue os aspectos tangíveis de um dispositivo informático do software, que consiste em instruções ou programas escritos e legíveis por máquina que dizem aos componentes físicos o que fazer e quando executar as instruções[19] .

Os mais importantes ou mais utilizados são:

- **O monitor (ecrã):**

Permite visualizar e visualizar os resultados do tratamento efectuado pelo computador.

- **O rato :**

É um instrumento que permite selecionar e abrir elementos no ecrã. Um rato tem normalmente dois botões: um botão principal (normalmente o botão esquerdo) e um botão secundário.

Em muitos ratos, também se encontra uma roda situada entre

Figura 1.13: O monitor do computador.

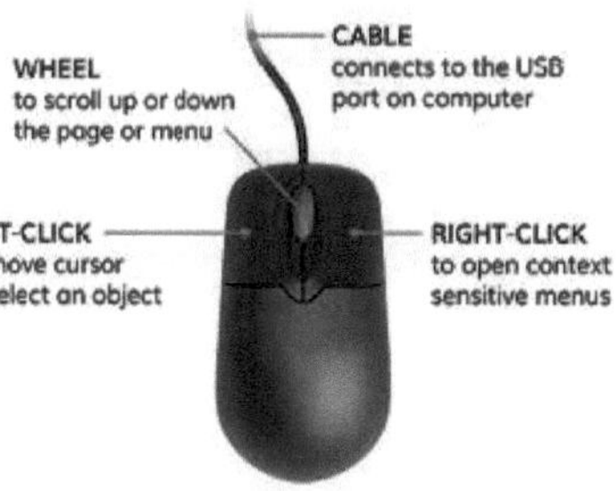

Figura 1.14: O rato de um computador).

[19]https://study.com/academy/lesson/what-is-computer-hardware-components-definition-examples. html

os dois botões, o que permite navegar nos ecrãs de informação. Os ratos mais recentes são sem fios.

- O teclado :

Permite-lhe introduzir informações. Contém teclas. O tipo de teclado tipo de teclado é reconhecido pelos seus primeiros seis caracteres alfabéticos chaves.

- Teclado QWERTY Inglês
- Teclado AZERTY Francês

- O disco rígido:

Grande memória permanente que permite armazenar dados (programas, resultados, etc.).

- Os oradores :

Utilizados para reproduzir som. Podem ser incorporados na unidade de sistema ou ligados através de cabos. Os altifalantes permitem-lhe ouvir música e efeitos sonoros provenientes do computador.

1.3.3 Arquitetura do PC: Aspeto "software" :

O software é um programa. Existem dois tipos de software:

b.1. O sistema operativo :

É o primeiro programa que um computador pode conter. Permite-lhe gerir o hardware e outro software.

Figura 1.15: Tipos de sistema operativo.

O sistema operativo é responsável por assegurar a ligação entre os recursos de hardware, o utilizador e as aplicações (processamento de texto, jogos de vídeo, etc.).

Assim, quando um programa pretende aceder a um recurso de hardware, não é necessário enviar informações específicas para o dispositivo, basta enviar as informações para o sistema operativo, que se encarrega de as transmitir ao dispositivo em causa através do seu controlador.

Ex: MS-DOS (Microsoft Disk Operating System), Windows 95, Windows 98, 2000, XP, Unix e Linux (1.15).

- **SO Windows :** O Windows é um sistema operativo concebido pela Microsoft[20] . O sistema operativo é o que permite utilizar um computador. O Windows vem pré-carregado na maioria dos novos computadores pessoais (PCs), o que contribui para que seja o sistema operativo mais popular do mundo.

O Windows permite realizar todo o tipo de tarefas quotidianas no computador. Por exemplo, pode utilizar o Windows para navegar na Internet, verificar o seu correio eletrónico, editar fotografias digitais, ouvir música, jogar jogos e fazer muito mais.

A Microsoft lançou a primeira versão do Windows em meados da década de 1980. Desde então, houve muitas versões do Windows, mas as mais recentes incluem o Windows 10 (lançado em 2015), o Windows 8 (2012), o Windows 7 (2009), o Windows Vista (2007) e o Windows XP (2001).

- **O sistema Unix (Linux) OS :**

O Unix é um sistema operativo concebido no início da década de 1970[21] . É um sistema operativo multitarefa:

- é capaz de executar vários programas em simultâneo (simultaneamente);

[20]https://edu.gcfglobal.org/en/windowsbasics/all-about-windows/1/
[21]https://www.techtarget.com/searchdatacenter/definition/Unix

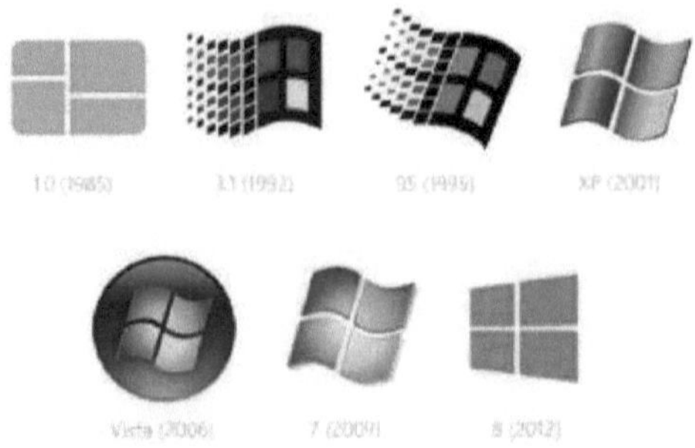

Figura 1.16: Sistema operativo Windows.

— É um sistema operativo multi-utilizador: vários utilizadores podem estar ligados ao sistema simultaneamente através de diferentes terminais (combinação ecrã/teclado).

— O facto de um sistema ser multi-utilizador implica geralmente um sistema de direitos que permite garantir uma certa privacidade dos dados e programas de cada utilizador.

— Isto conduz geralmente (e é o caso do Linux e do Unix em geral) à presença de um utilizador específico, o administrador do sistema, cuja função é atribuir direitos de acesso.

b.2 Software de aplicação :

O software de aplicação (App) é um tipo de software que executa funções específicas para o utilizador final, interagindo diretamente com ele[22] . O único objetivo do software de aplicação é ajudar o utilizador
na realização de tarefas específicas.

Ex :

- MS Word processador de texto.
- MS Excel análise financeira e gráfica

ics.

- MS PowerPoint apresentação assistida por computador.
- Um leitor real para reproduzir música.

[22]https://www.simplilearn.com/tutorials/programming-tutorial/ o-que-é-uma-aplicação- de-software

- Loja de fotografias software de edição de fotografias e imagens de madeira

Funções do software de aplicação :

Os programas de software de aplicação são geralmente concebidos e desenvolvidos para ajudar numa vasta gama de tarefas. Eis alguns exemplos:

- Software para aplicações de cuidados de saúde para uma conetividade sem falhas e uma resposta rápida.
- Gerir a informação e os dados numa organização
- Gestão e controlo de documentos em todas as áreas
- Software para fins educativos, como sistemas de gestão da aprendizagem e sistemas de aprendizagem eletrónica
- Desenvolvimento de imagens e vídeos para fins de apresentação
- E-mails, mensagens de texto, conferências áudio e vídeo envolvidas na apresentação

- Gestão da contabilidade, das finanças e do processamento de salários, ajudando o departamento de RH e outras empresas

CAPÍTULO 2

Codificação da informação

História

Isto é interessante. O sistema numérico desempenhou um papel fundamental na computação [1]. Na História da Computação, verificámos que os números lançaram os alicerces da computação e ajudaram-nos a renovar novas ferramentas para facilitar e simplificar os cálculos. Estas são as listas de vários sistemas numéricos que foram inventados em diferentes épocas e culturas da História.

2.1 Introdução

Qualquer que seja a natureza da informação processada por um computador (imagem, som, texto, vídeo), esta apresenta-se sempre sob a forma de um conjunto de números escritos na base 2, por exemplo 01001011 [23][24].

O termo bit (b minúsculo nas notações) significa "dígito binário", ou seja, 0 ou 1 na numeração binária[25].

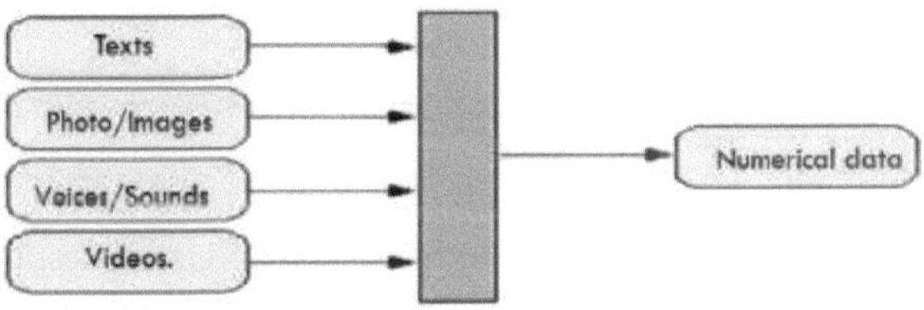

Figura 2.1: Codificação da informação.

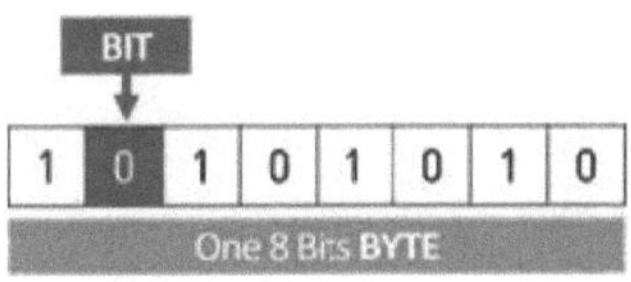

Figura 2.2: dígito binário.

É a unidade mais pequena de informação que pode ser manipulada por uma máquina digital.

O Byte (em inglês byte ou B maiúsculo em notações) é uma unidade de

---

23 https://fastercapital.com/topics/applications-of-number-systems-in-computing-and-technology. html

24 https://www.geeksforgeeks.org/how-many-types-of-number-systems-are-there/

25 https://kb.iu.edu/d/ackw

informação composta por 8 bits. Ex: Permite armazenar (guardar) um carácter como uma letra ou um número

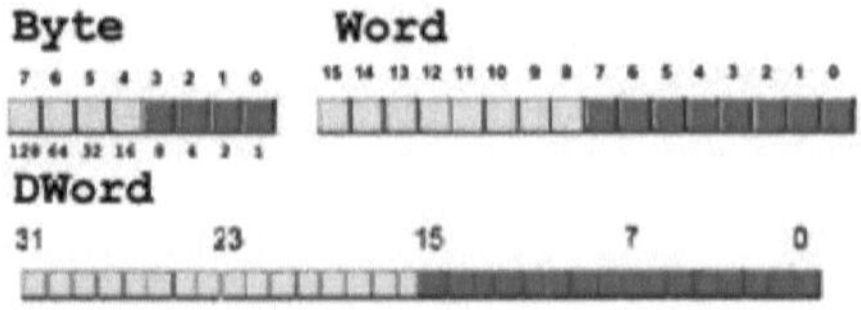

Figura 2.3: A duplicação de palavras de bytes.

Uma unidade de informação constituída por 16 bits é geralmente designada por palavra. Uma unidade de informação com 32 bits de comprimento é designada por palavra dupla,

daí o nome dword.

2.2 Noções básicas de informática - Sistema numérico

Em informática, um sistema numérico é uma forma de representar valores numéricos utilizando um conjunto de símbolos ou dígitos. Os sistemas numéricos mais utilizados nos computadores são o sistema decimal, o sistema binário e o sistema hexadecimal[26] .

A base, ou radix, de um sistema numérico em informática refere-se ao número de dígitos ou símbolos utilizados para representar valores numéricos. Por outras palavras, a base determina quantos valores únicos podem ser representados com um único dígito no sistema numérico.

Os sistemas numéricos mais utilizados em informática são:

2.2.1 Sistema decimal (base 10) :

O sistema numérico decimal é um sistema numérico de base 10 com 10 dígitos de 0 a 9. Isto significa que qualquer quantidade numérica pode ser representada utilizando estes 10 dígitos. O sistema de numeração decimal é também um sistema de valores posicionais.

Isto significa que o valor dos dígitos dependerá da sua posição. Vejamos um exemplo para compreender isto.

EX : Sejam três números - 734, 971 e 207. O valor de 7 nos três números é

[26]https://www.prepbytes.com/blog/general/number-system-in-computer/

diferente:

- Em 734, o valor de 7 é 7 centenas ou 700 ou 7 x 100 ou 7 x 10^2.

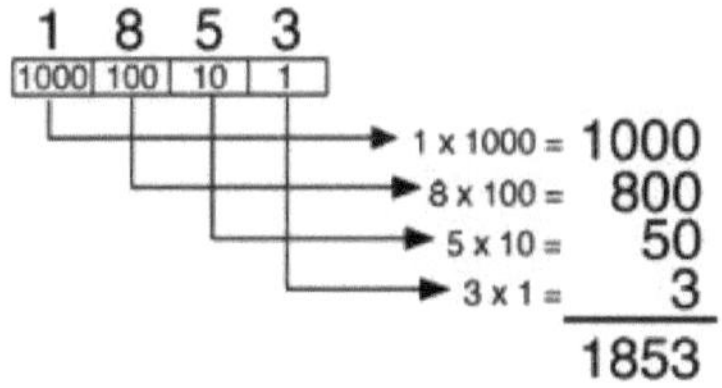

Figura 2.4: Sistema decimal (base 10).

- Em 971, o valor de 7 é 7 dezenas ou 70 ou 7 x 10 ou 7 x 101.
- Em 207, o valor 0f 7 é 7 unidades ou 7 ou 7 x 1 ou 7 x 100.

A representação do peso da posição-idade é representada da seguinte forma:

10^5	10^4	10^3	10^2	10^1	10^0

Figura 2.5: A representação do peso da posição-idade.

Os sistemas digitais fornecem instruções através de sinais eléctricos. A mudança é efectuada através da alteração da tensão do sinal. É difícil ter dez (10) tensões diferentes para implementar o sistema numérico decimal num equipamento digital. Para resolver este problema, foram desenvolvidos vários sistemas numéricos que são fáceis de implementar digitalmente. São os seguintes:

2.2.2 Sistema binário (base 2):

Utiliza 2 dígitos (0 e 1); Cada número binário é também representado por bits. O sistema numérico binário é também um sistema de valor posicional, em que cada número tem um valor expresso em potências de 2,

2^5	2^4	2^3	2^2	2^1	2^0

Figura 2.6: A representação do sistema binário.

como mostrado aqui.

Em qualquer número binário, o dígito mais à direita é chamado de bit menos significativo (LSB) e o dígito mais à esquerda é chamado de bit mais significativo (MSB).

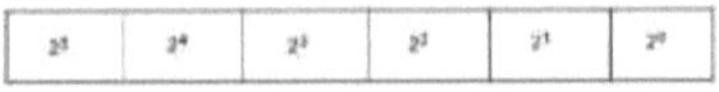

Figura 2.7: LSB e MSB no sistema binário.

2.2.3 Sistema octal (base 8) :

Utiliza 8 dígitos (0-7); tem oito dígitos - 0, 1, 2, 3, 4, 5, 6 e 7. O sistema numérico octal é também um sistema de valores posicionais com

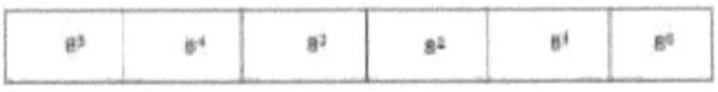

Figura 2.8: A representação do sistema numérico Octal .

em que cada dígito tem o seu valor expresso em potências de 8, como se mostra aqui.

2.2.4 Sistema hexadecimal (base 16) :

Utiliza 16 dígitos (0-9 e A-F); tem 16 símbolos - 0 a 9 e A a F, em que A é igual a 10, B é igual a 11, e assim sucessivamente até F.

O sistema numérico hexadecimal é também um sistema de valores posicionais em que cada dígito tem o seu valor expresso em potências de 16, como se mostra aqui.

Figura 2.9: A representação do sistema numérico hexadecimal.

2.2.5 Relação com o sistema numérico:

A tabela seguinte mostra a relação entre os sistemas numéricos decimal, binário, octal e hexadecimal[27] .

Tabela 2.1: Relação do sistema numérico.

HEXADECIMAL	Precisão	OCTAL	BINÁRIO
0	0	0	0000
1	1	1	0001
2	2	2	0010
3	3	3	0011
4	4	4	0100
5	5	5	0101
6	6	6	0110
7	7	7	0111
8	8	10	1000
9	9	11	1001
A	10	12	1010
B	11	13	1011

[27] https://www.quora.com/What-is-the-relationship-between-number- base-and-number-system

C	12	14	1100
D	13	15	1101
E	14	16	1110
F	15	17	1111

2.3 Trans-codificação (Conversão de base)

É a operação que permite passar da representação de um número expresso numa base para a representação do mesmo número mas expresso noutra base.

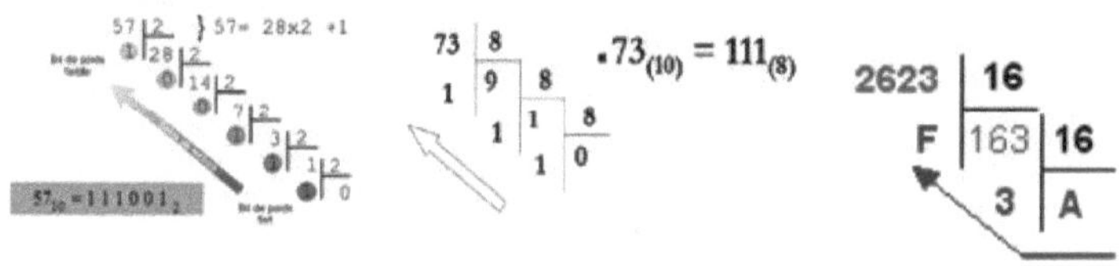

Figura 2.10: A representação da Trans-codificação.

2.3.1 Trans-codificação da base 10 para a base b (2, 8, 16) :

A regra a seguir é a das divisões sucessivas:

- **Passo 1:** Dividir o número decimal pelo número b (a base de destino).
- **Passo 2 :** A condição para parar a divisão é atingir o resto do quociente 0,
- **Passo 3:** Organiza o número com o resto da divisão de baixo para cima.

Ex 01 : Converter o número decimal 100 para a base 2. (Decimal para Binário).

Solução :

O resultado será a justaposição dos restos (Figura 2.11). **Ex 02 :** Converter o número decimal $(73)_{10}$ para a base $(\ )_8$. (Decimal para Octal).

Solução :

Isto implica efetuar uma série de divisões euclidianas por 8. O resultado será a justaposição dos restos (Figura 2.12).

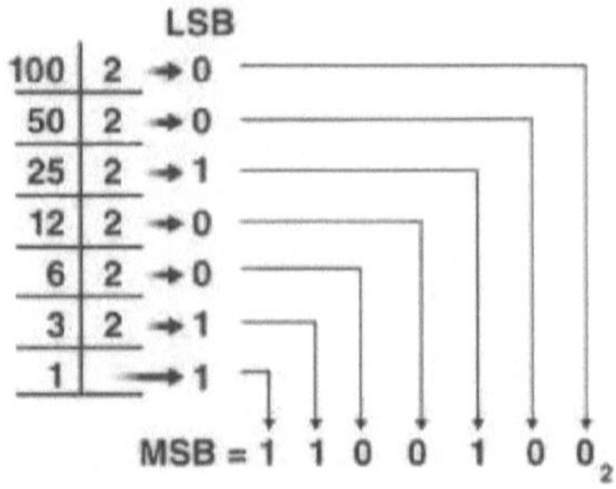

Figura 2.11: Trans-codificação da base 10 para a base 2.

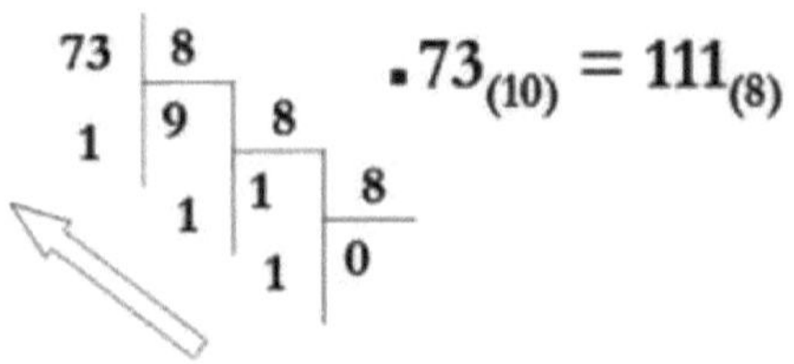

Figura 2.12: Trans-codificação da base 10 para a base 8.

Ex 03 : Converter o número decimal $(335)_{10}$ para a base $(\ )_{16}$. (Decimal para Hexadecimal).

Solução :

Isto implica efetuar uma série de divisões euclidianas por 16. O resultado será a justaposição dos restos (Figura 2.13).

2.3.2 Transcodificação da base b (2, 8, 16) para a base 10 :

Por vezes, precisamos de devolver os números ao seu valor na base decimal, para os tratar normalmente; (por exemplo: endereço IP).

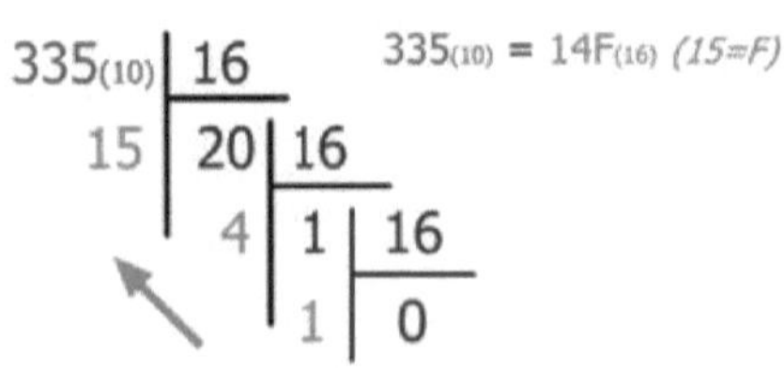

Figura 2.13: Trans-codificação da base 10 para a base 16.

A regra a seguir é a das divisões sucessivas:

- **Passo 1 :** Determinar a ordem dos números da direita para a esquerda, a partir de zero

- **Passo 2 :** Multiplicamos cada número por (a base, a fonte, a potência de um número, o que organiza o número)
- **Passo 3:** Agrupar os números para obter o número decimal pretendido.

Ex 01 : Converter o número binário $(1011)_2$ para a base $(\ )_{10}$. (binário para decimal).

Solução 01:

$$1011_{(2)} = (1 \times 2^3) + (0 \times 2^2) + (1 \times 2^1) + (1 \times 2^0)$$
$$1011_{(2)} = (1 \times 8) + (0 \times 4) + (1 \times 2) + (1 \times 1)$$
$$1011_{(2)} = 11_{(10)}$$

Figura 2.14: Trans-codificação da base 2 para a base 10.

Isto implica efetuar uma série de multiplicações na base de origem (2). O resultado estará na (Figura 2.14).

Ex 02 : Converter o número Octal $(27246)_8$ para a base $(\ )_{10}$. (Octal para Decimal).

Solução 02:

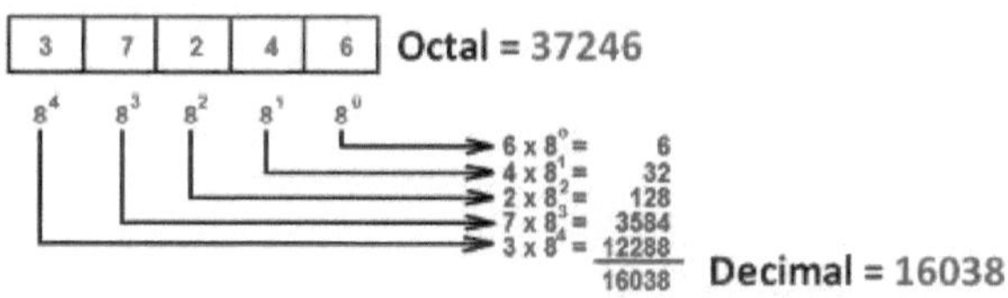

Figura 2.15: Trans-codificação da base 8 para a base 10.

Isto implica efetuar uma série de multiplicações na base de origem (8). O resultado estará na (Figura 2.15).

Ex 03 : Converter o número hexadecimal $(A3F)_{16}$ para a base $(\ )_{10}$. (Hexadecimal para Decimal).

Solução 03:

$$A3F_{(16)} = (A \times 16^2) + (3 \times 16^1) + (F \times 16^0)$$

$$A3F_{(16)} = (10 \times 256) + (3 \times 16) + (15 \times 1)$$

$$A3F_{(16)} = 2560 + 48 + 15 = 2623_{(10)}$$

Figura 2.16: Trans-codificação da base 16 para a base 10.

Isto implica efetuar uma série de multiplicações na base de origem (16). O resultado estará na (Figura 2.16).

Notas importantes:

- Na conversão de um número binário grande para um número decimal, é preferível convertê-lo, utilizando a tabela de verdade, num número octal ou num número hexadecimal, para que as operações de multiplicação sejam menores e o resultado seja exato.
- Para verificar se a conversão está correta, efetuar a conversão inversa e comparar os resultados

2.3.3 Transcodificação a partir de bases utilizando a tabela de correspondência :[28]

Método:

- Binário para octal: agrupamento dos bits em subconjuntos de três bits e substituição de cada grupo pelo símbolo correspondente na base 8 (Tabela 2.17)
- Binário para Hexadecimal: agrupando os bits em subconjuntos de quatro bits e substituindo cada grupo pelo símbolo correspondente na base 16 (Tabela 2.17).
- Converter o número em base binária para base decimal e, em seguida, converter este número em base 10 para base b.

Ex 01 : Converter o número octal $(421)_8$ para a base $(\quad)_{10}$. (Octal para Decimal).

Solução 03:

O procedimento para obter os valores correspondentes da (Tabela 2.17) inclui. O resultado será apresentado na (Figura 2.18).

[28] https://docs.axway.com/bundle/TransferCFT_310_UsersGuide_allOS_en_HTML5/page/Content/UI/Concepts/Translation_table_concepts.htm

Ex 02 : Converter o número Octal (7015)8 para a base ( )16. (Octal para Hexadecimal).

Solução 02:

O procedimento para obter os valores correspondentes da (Tabela 2.17) inclui. O resultado será o da (Figura 2.19). **Ex. 03:** Converter o número hexadecimal (*A62*)8 para a base octal ( )16.

Solução 03:

O procedimento para obter os valores correspondentes da (Tabela 2.17) inclui. O resultado será apresentado na (Figura 2.20).

2.3. TRANS-CODIFICAÇÃO (CONVERSÃO DE BASE) 35

BASE 10	BASE 2 (16)	BASE 16	BASE 2 (8)
0	0000	0	000
1	0001	1	001
2	0010	2	010
3	0011	3	011
4	0100	4	100
5	0101	5	101
6	0110	6	110
7	0111	7	111
8	1000	8	
9	1001	9	
10	1010	A	
11	1011	B	
12	1100	C	
13	1101	D	
14	1110	E	
15	1111	F	

Figura 2.17: Tabela de correspondência.

4			2			1			Octal
1	0	0	0	1	0	0	0	1	Octal to binary
8	7	6	5	4	3	2	1	0	indix
2^8				2^4				2^0	
256				16				1	
				273					Dicimal

Figura 2.18: Trans-codificação da base 8 para a base 10 usando a tabela de correspondência

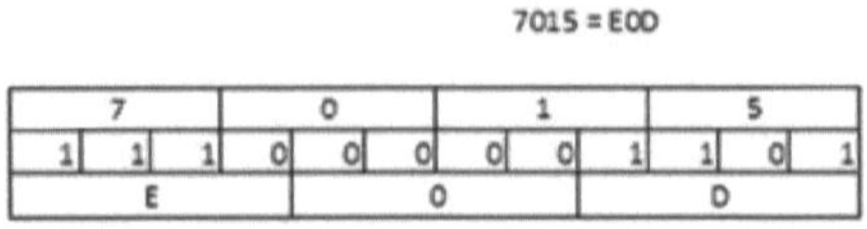

Figura 2.19: Converter um número Octal num número Hexadecimal utilizando a tabela de correspondência 2.17.

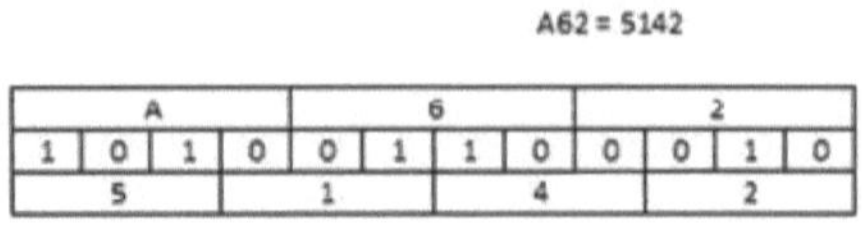

Figura 2.20: Converter um número hexadecimal num número octal utilizando a tabela de correspondência 2.17.

2.4 Codificação de números reais e números com sinal:

Os números reais são números que incluem fracções/valores após o ponto decimal[29] . (**Exemplo:** 123,75 é um número real.) Haverá sempre um compromisso entre precisão e alcance quando se utiliza a notação de vírgula flutuante, uma vez que haverá sempre um número definido de bits atribuídos ao armazenamento de números reais:

- Aumentar o número de bits dedicados à mantissa melhorará a precisão de um número de ponto flutuante.
- Aumentar o número de bits dedicados ao expoente aumentará a gama de números que podem ser mantidos.

No curso superior, os números de vírgula flutuante são representados da seguinte forma:

- 1 bit para o sinal (0 para positivo e 1 para negativo).
- 15 bits para a mantissa.
- 8 bits para o expoente.

2.4.1 Codificação de números reais (Decimal para Binário) :

Regra:

[29]https://www.bbc.co.uk/bitesize/guides/zsnbr82/revision/4

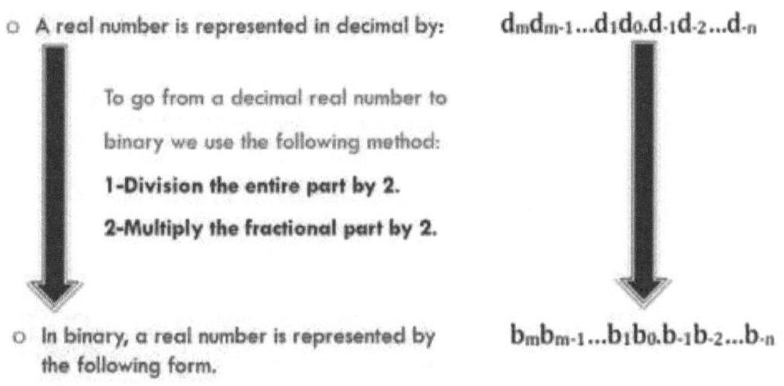

Figura 2.21: Regra de conversão de um número real decimal num número binário

Ex 01 : Converter o número real decimal $(12,55)_{10}$ em número binário $(\quad)_2$.

Solução 01:

O procedimento de aplicar a regra à parte real e depois à parte fraccionária de (Figura 2.23).

2.4.2 Codificação de números reais (Binário para Decimal) :

Regra: **Ex 02 :** Converter o número real decimal $(1010.101)_2$ em número binário $(\ )_{10}$.

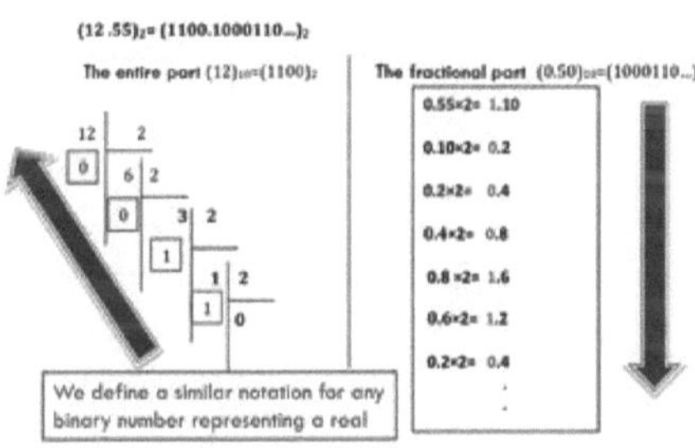

Figura 2.22: Converter um número real decimal num número binário.

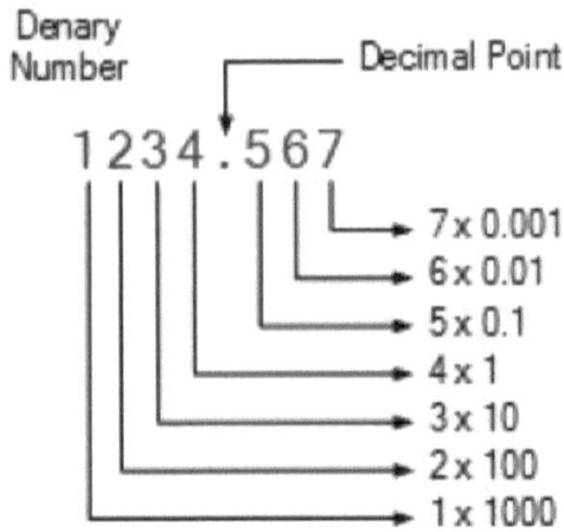

Figura 2.23: Regra de conversão de um número binário num número real decimal

Solução 02: Aqui dividimos por potências de 2 em vez de potências de 10 em decimal. Ou, na escrita decimal:

O procedimento de aplicar a regra à parte real e depois à parte fraccionária de (Figura 2.23).

$$(\mathbf{1010,101})_2 = 1x2^3 + 0x2^2 + 1x2^1 + 0x2^0 + 1x2^{-1} + 0x2^{-2} + 1x2^{-3}$$

$$1010{,}101 \quad = 8 + 0 + 2 + 0 + \frac{1}{2} + \frac{0}{4} + \frac{1}{8}$$

$$1010{,}101 \quad = 8 + 2 + 0.5 + 0{,}125$$

$$1010{,}101 \quad = (10{,}625)_{10}$$

Figura 2.24: Converter um número binário num número real decimal.

2.4.3 Codificação de números com sinal :

A. Números binários com sinal :

O binário sinalizado é muito semelhante ao binário, mas inclui também números negativos. O sinal do número binário é determinado pelo dígito inicial (mais à esquerda)[30] . Se for 1, então é negativo, e a magnitude, ou valor absoluto, pode ser encontrada invertendo todos os 1's para 0's e 0's para 1's. Se for um 0 à esquerda, então trata-o como um número binário normal. Isto pode ser visto na tabela abaixo, que mostra como os números binários com e sem sinal diferem na sua interpretação decimal[31] .

[30]https://www.electronics-tutorials.ws/binary/signed-binary-numbers.html
[31]https://u.osu.edu/storageofdata/signed-binary/

Tabela 2.2: Números binários com e sem sinal.

BINÁRIO	DECIMAL	Assinado BINARY
NA	- 3	100
NA	- 2	101
NA	-1	110
000	0	000
001	1	001
010	2	010
011	3	011

No entanto, o binário sem sinal pode apresentar números maiores, devido para o dígito extra.

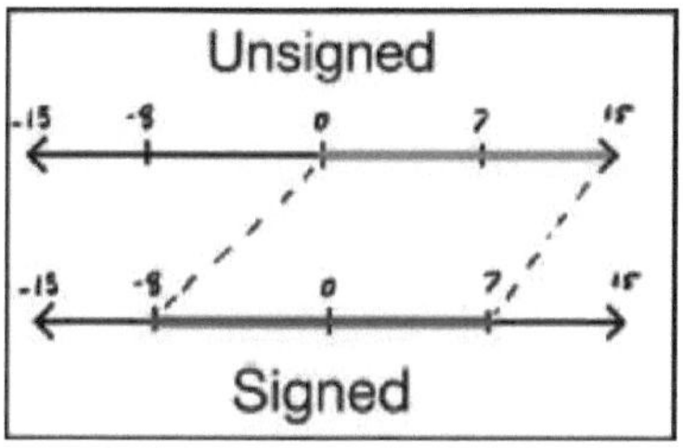

Figura 2.25: Os binários com sinal e sem sinal representam a mesma quantidade de números.

B. Encontrar o número negativo :

Para passar de um número negativo em decimal para binário, basta calcular:

- **O complemento de 1:** Invertendo todos os números, '0' torna-se '1' e '1' torna-se '0'.
- **O complemento de 2:** Adicionar '1' ao número resultante após a primeira conversão.

Ex 01 : Converter o número real decimal $(1010.101)_2$ num número binário $(\ )_{10}$.

Solução 01: Aqui dividimos por potências de 2 em vez de potências de 10 em decimal. Ou, na escrita decimal:

O procedimento de aplicar a regra do primeiro complemento e do segundo complemento ao número real para obter a transformação do Sinal (Figura 2.26).

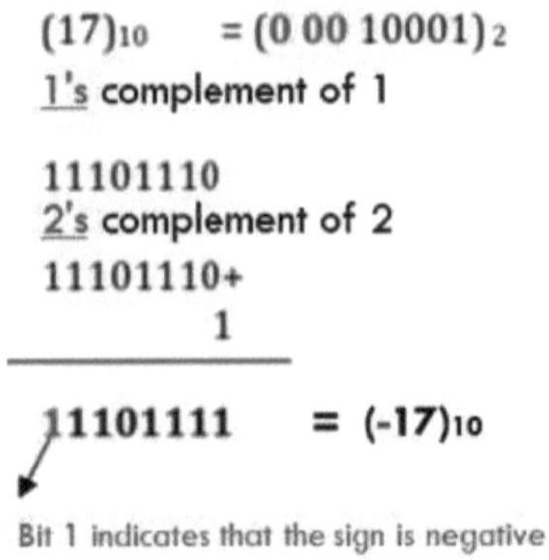

Figura 2.26: Encontrar o número negativo de números com sinal.

2.5 Aritmética binária

A aritmética binária é uma parte essencial de todos os computadores digitais e de muitos outros sistemas digitais .[32]

2.5.1 Adição binária :

É uma chave para subtração, multiplicação e divisão binárias.

Existem quatro regras para a adição binária.

Tabela 2.3: Regra da adição binária.

Caso	A + B	Soma	Transportar
1	0 + 0	0	0
2	0+1	1	0
3	1 + 0	1	0
4	1 + 1	0	1

No quarto caso, uma adição binária está a criar uma soma de (1+1= 10), ou seja, escreve-se 0 na coluna dada e transita-se 1 para a coluna seguinte.

Ex 01 : Calcular a soma dos dois números binários seguintes $(001101)_2$ e $(001100)_2$.

Solução 01: Aqui dividimos por potências de 2 em vez de potências de 10 em decimal. Ou, na escrita decimal:

[32]https://www.geeksforgeeks.org/arithmetic-operations-of-binary-numbers/

0011010 + 001100 = 00100110

```
  1 1         carry
 0 0 1 1 0 1 0   = 26₁₀
+0 0 0 1 1 0 0   = 12₁₀
---------------
 0 1 0 0 1 1 0   = 38₁₀
```

Figura 2.27: Calcular a soma.

O procedimento de aplicar a regra do primeiro complemento e do segundo complemento ao número real para obter a transformação do Sinal (Figura 2.28).

2.5.2 Subtração binária :

Subtração e empréstimo, estas duas palavras serão utilizadas com muita frequência na subtração binária. Existem quatro regras para a subtração binária.

O procedimento de aplicar a regra do primeiro complemento e do segundo complemento ao número real para obter a transformação do Sinal (Figura 2.28).

Tabela 2.4: Regra da subtração binária.

Caso	A-B	Soma	Transportar
1	0-0	0	0
2	0-1	1	0
3	1-0	0	0
4	1-1	0	1

0011010 - 001100 = 00001110

```
     1 1      borrow
 0 0 1 1 0 1 0   = 26₁₀
-0 0 0 1 1 0 0   = 12₁₀
---------------
 0 0 0 1 1 1 0   = 14₁₀
```

Figura 2.28: Calcular o sub.

2.6 Código ASCII

A norma ASCII (geralmente pronunciada "aski") permite que todos os tipos de máquinas armazenem, analisem e comuniquem informações textuais. Em particular, quase todos os computadores pessoais e estações de trabalho utilizam a codificação ASCII .[33]

- Os códigos 0 a 31 não são caracteres. São chamados caracteres de controlo porque permitem acções como o retorno de carro (13).
- Os códigos 32 a 64 representam símbolos como o símbolo + que está associado a (43).
- Os códigos 65 a 90 representam letras maiúsculas, tais como o caractere ter A está associado a (65).

- Os códigos 97 a 122 representam letras minúsculas, tal como o carácter a está associado a (97)

2.6.1 Norma ASCII de base

A tabela seguinte contém todos os caracteres imprimíveis da norma básica ASCII:

0		24	↑	48	0	72	H	96	`	120	x	144	É	168	¿	192	└	216	╪	240	≡
1	☺	25	↓	49	1	73	I	97	a	121	y	145	æ	169	⌐	193	┴	217	┘	241	±
2	☻	26	→	50	2	74	J	98	b	122	z	146	Æ	170	¬	194	┬	218	┌	242	≥
3	♥	27	←	51	3	75	K	99	c	123	{	147	ô	171	½	195	├	219	█	243	≤
4	♦	28	∟	52	4	76	L	100	d	124	|	148	ö	172	¼	196	─	220	▄	244	⌠
5	♣	29	↔	53	5	77	M	101	e	125	}	149	ò	173	¡	197	┼	221	▌	245	⌡
6	♠	30	▲	54	6	78	N	102	f	126	~	150	û	174	«	198	╞	222	▐	246	÷
7		31	▼	55	7	79	O	103	g	127	⌂	151	ù	175	»	199	╟	223	▀	247	≈
8		32		56	8	80	P	104	h	128	Ç	152	ÿ	176	░	200	╚	224	α	248	°
9		33	!	57	9	81	Q	105	i	129	ü	153	Ö	177	▒	201	╔	225	ß	249	∙
10		34	"	58	:	82	R	106	j	130	é	154	Ü	178	▓	202	╩	226	Γ	250	·
11	♂	35	#	59	;	83	S	107	k	131	â	155	¢	179	│	203	╦	227	π	251	√
12	♀	36	$	60	<	84	T	108	l	132	ä	156	£	180	┤	204	╠	228	Σ	252	^{n}
13		37	%	61	=	85	U	109	m	133	à	157	¥	181	╡	205	═	229	σ	253	^{2}
14	♫	38	&	62	>	86	V	110	n	134	å	158	₧	182	╢	206	╬	230	µ	254	■
15	☼	39	'	63	?	87	W	111	o	135	ç	159	ƒ	183	╖	207	╧	231	τ	255	a
16	►	40	(	64	@	88	X	112	p	136	ê	160	á	184	╕	208	╨	232	Φ		
17	◄	41	)	65	A	89	Y	113	q	137	ë	161	í	185	╣	209	╤	233	Θ		
18	↕	42	*	66	B	90	Z	114	r	138	è	162	ó	186	║	210	╥	234	Ω		
19	‼	43	+	67	C	91	[	115	s	139	ï	163	ú	187	╗	211	╙	235	δ		
20	¶	44	,	68	D	92	\	116	t	140	î	164	ñ	188	╝	212	╘	236	∞		
21	§	45	-	69	E	93	]	117	u	141	ì	165	Ñ	189	╜	213	╒	237	φ		
22	▬	46	.	70	F	94	^	118	v	142	Ä	166	ª	190	╛	214	╓	238	ε		
23	↨	47	/	71	G	95	_	119	w	143	Å	167	º	191	┐	215	╫	239	∩		

Figura 2.29: Norma ASCII básica 12.

2.6.2 ASCII para binário :

Utilizando a tabela de conversão ASCII (ver folheto) e a tabela Binário/Hexadecimal acima, responda às seguintes questões.

01. Qual é a representação hexadecimal da cadeia "Hello"?

02. Qual é a representação binária da cadeia "Hello"?

[33]https://fr.scribd.com/document/136231175/ASCII-Codes

Solução :

- Hello = H e l l o = (72 101 108 108 110)dic = (48 65 6C 6C 6E)Hix.
- Hello = H e l l o = (72 101 108 108 110)dic = (01001000 01100101 01101100 01101100 01101110)bin.

Trabalho em casa :

Pensa numa palavra ou frase curta em inglês, codifica-a em binário e envia-a a outra pessoa para a descodificar. A tua palavra ou frase deve ter pelo menos seis letras. Não a torne demasiado longa, nem para seu bem nem para o da pessoa que a vai descodificar. Certifica-te de que é apropriado descodificá-la para qualquer outra pessoa da turma.

CAPÍTULO 3

Conceito de Algoritmo e Programa

3.1 Introdução :

A palavra "Algoritmo" foi inventada pelo matemático "ALKHAWARISMI" [1].

Um algoritmo é a declaração de uma sequência de acções primitivas que realizam o processamento. Descreve o plano ou a sequência de acções para resolver um determinado problema [34][35].

Um algoritmo é um conjunto de acções (ou instruções) sequenciais e logicamente ordenadas, que permitem transformar dados de entrada (Inputs) em dados de saída (outputs ou resultados), para resolver um problema.

Assim, um algoritmo representa uma solução para um determinado problema. Esta solução é especificada através de um conjunto de instruções (sequenciais com ordem lógica) que manipulam dados. Uma vez escrito o algoritmo (em qualquer língua: francês, inglês, árabe, etc.), este será transformado, após a escolha de uma linguagem de programação, num programa de código fonte que será compilado (traduzido) e
executado pelo computador .[36]

3.1.1 A abordagem e a análise de um problema

Um algoritmo representa uma solução para um determinado problema. Para chegar a esta solução algorítmica, será aplicado um processo de análise e de resolução. Este processo consiste nas seguintes etapas:

- **Etapa 1: Problema :**Análise/estudo do problema a resolver
    - **Etapa 2: Modelo :**Especificar o modelo de resolução
- **Etapa 3: Algoritmo :**Escrever o algoritmo
- **Etapa 4: Programa :**Tradução do algoritmo num programa
- **Etapa 5: Resultados :**Execução do programa pelo computador

3.2 Estruturas de dados

3.2.1 Dados de saída de entrada :

Um algoritmo permite o processamento de um conjunto de dados de entrada para produzir dados de saída. Os dados de saída representam a solução do

---

[34] https://medium.com/@aresynshaw.work/al-khwarizmi-cannot-be-considered-the-sole-father-of-algebra-or-algorithms-heres-why-df929321e500

[35] https://www.merriam-webster.com/dictionary/algorithm

[36] https://www.vaia.com/en-us/textbooks/computer-science/
iniciar- com- programação- lógica- e- design- 3- edição/capítulo- 2/ problema-3-o-que-é-um-algoritmo/

problema tratado pelo algoritmo[37] . Um algoritmo pode ser esquematizado da seguinte forma:

Todos os dados de um programa são objectos na RAM (um espaço reservado na RAM). Cada objeto (espaço de memória) é designado por um nome chamado: um identificador.

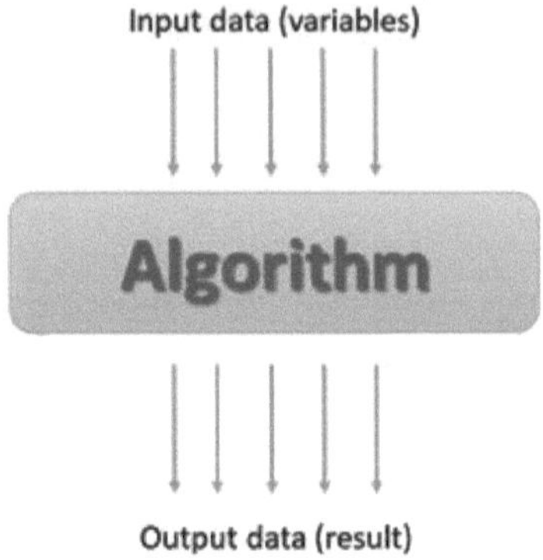

Figura 3.1: entrada saída Dados no algoritmo)

3.2.2 Conceito de identificador :

Um identificador é uma cadeia de caracteres que contém apenas caracteres alfanuméricos (alfabéticos de [az] e [AZ] e numéricos [09]) e desenhados 8 '_' (sublinhado), e que deve começar por uma letra alfabética ou _. Um identificador permite identificar de forma única um algoritmo (ou um programa), uma variável, uma constante, um procedimento ou uma função.

Numa determinada linguagem de programação, não é permitido utilizar as palavras reservadas (palavras-chave) da linguagem como identificadores. Entre as palavras-chave da linguagem PASCAL:

- programa, início, fim,
- if, else, then, while, for, do, to, downto, repeat, until, goto,
- procedimento, função, etiqueta, var, const, tipo, utiliza, matriz, de,
- real, inteiro, booleano, char, string, ...

Exemplos :

- a1: é um identificador válido.

[37] https://www.merriam-webster.com/dictionary/algorithm

- a_1: é um identificador válido.
- A_1: é um identificador válido.
- x12y: é um identificador válido.
- x1 y: é um identificador inválido (devido a um espaço em branco ou a um espaço).
- x1-y: é um identificador inválido (devido ao sinal).
- x1_y: é um identificador válido.
- 1xy: é um identificador inválido (inicia um carácter numérico).
- _x1 : ?

3.2.3 Constantes e variáveis :

Os dados manipulados por um algoritmo (ou um programa) são constantes ou variáveis [5]:

- Constantes: uma constante é um objeto que contém um valor que nunca pode ser modificado. O seu objetivo é evitar a utilização direta de um valor. Imaginemos que um algoritmo utiliza o valor 3,14 dez vezes (o número de ocorrências do valor 3,14 é, por exemplo, 15) e que queremos modificar este valor por outro mais preciso: 3.14159. Neste caso, temos de modificar todas as ocorrências de 3,14.

[5]https://www.merriam-webster.com/dictionary/algorithm

- Por outro lado, se utilizarmos uma constante PI = 3,14, modificamos esta constante apenas uma vez.
- Variáveis: uma variável é um objeto que contém um valor que pode ser modificado. Todos os dados (variáveis ou constantes) de um algoritmo têm um tipo de dados (domínio dos valores possíveis).

3.2.4 Tipos de dados :

Nos algoritmos, temos cinco tipos básicos:

- Inteiros: representa o conjunto ..., 4, 3, 2, 1, 0, 1, 2, 3, 4, ...
- Real: representa valores numéricos fraccionários e com pontos fixos (ou flutuantes)
- Caracteres: representa todos os caracteres imprimíveis.

- Cadeias de caracteres: uma sequência de um ou mais caracteres
- Booleano (lógico): representa os dois valores VERDADEIRO e FALSO.

3.3 Estrutura de um algoritmo/programa

Um algoritmo manipula dados, os dados antes de serem utilizados devem ser identificados e declarados utilizando o identificador[38] , .[39]
https://www.simplilearn.com/tutorials/data-structure-tutorial/what- is-an-algorithm

Um algoritmo é composto por três partes:

- **Cabeçalho:** Nesta parte, declaramos o nome do algoritmo através de um identificador.
- **Declarações:**: Nesta parte, declaramos todos os dados utilizados pelo algoritmo.
- **Corpo:** Representa a sequência de acções (instruções)

Para escrever um algoritmo/programa, é necessário seguir a seguinte estrutura:

[38]https://www.merriam-webster.com/dictionary/algorithm
[39]https://www.simplilearn.com/tutorials/data-structure-tutorial/ what-is-an-algorithm

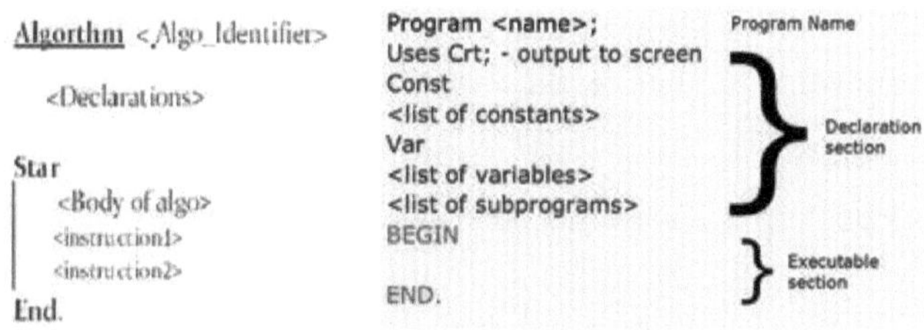

Figura 3.2: Estrutura de um algoritmo/programa

3.3.1 Declarações :

Na parte da declaração, declaramos todos os dados de entrada e saída sob a forma de constantes e variáveis.

a: Constantes:

são objectos que contêm valores não modificáveis. As constantes são declaradas da seguinte forma:

<identifier> = <value>;

<identificador> = <valor>;

Exemplos :

- PI = 3,14; Constante real.
- MAX = 10; Constante inteira.
- cc = 'a'; Carácter constante.
- ss = 'algo'; Constante de cadeia de caracteres.
- b1 = true; constante booleana.
- b2 = false; constante booleana.

b: Declarações:

b.1: Variáveis:

são objectos que contêm valores que podem ser modificados. As variáveis são declaradas da seguinte forma:

<identifier> = <type>;

<identifier> = <type>;

Uma variável pertence a um tipo de dados. Temos cinco tipos básicos de dados: (Inteiros - Reais - Caracteres - Cadeia de caracteres - Booleano, contendo dois valores: (Verdadeiro ou Falso)).

Exemplos :

- x: real; variável. n, m: inteiro; duas variáveis inteiras. s: String; variáveis de cadeia de caracteres.
- b1, b2, b3:booleano; 3 variáveis booleanas. c1: carácter c1:char; variável de carácter.

NB : Para além das constantes e das variáveis, podemos declarar novos tipos, etiquetas, e (num programa PASCAL) funções e procedimentos.

3.3.2 Corpo :

O corpo de um algoritmo é constituído por um conjunto de acções/instruções ordenadas sequencial e logicamente. As instruções são de cinco tipos, nomeadamente

- **Ler :** A operação de introdução de dados no algoritmo.

Uma leitura consiste em atribuir um valor arbitrário a uma variável.

- **Escrever :** A operação de apresentação de dados. É utilizada para apresentar resultados ou mensagens - Atribuição: Esta operação é utilizada para modificar os valores das variáveis.
- **Estrutura de controlo:** Permite modificar a sequência do algoritmo, para escolher um caminho de execução ou repetir um processo.

— **Estrutura alternativa:** Estrutura de ensaio simples/dupla

— **Estrutura repetitiva (iterativa) :** O ciclo For - o ciclo while.

O laço de repetição na linguagem PASCAL, cada instrução termina com um ponto e vírgula. Exceto no final do programa, colocamos um ponto final.

Todas as instruções de um programa são escritas no seu corpo. (entre o Início e o Fim, ou seja, Início e Fim.). Estas instruções podem ser agrupadas em três tipos:

- Entradas/saídas (introdução de valores visualização de resultados),.
- Atribuição.
- Estruturas de controlo (testes e loops)

a: Instruções de entrada/saída (leitura/escrita)

a.1: Entrada (Leitura):

Uma instrução de entrada permite-nos, num programa, atribuir um valor qualquer a uma variável. Isto é conseguido através da operação de leitura[40] ,[41] . A sintaxe e a semântica da leitura são as seguintes:

Quadro 3.1: A sintaxe e a semântica da leitura.

Algoritmo	**PASCAL**	**Significado**
read(< id,*ar)* >	read(<id,*ar* >); *readln*(< *idvar* >);	Atribuir qualquer valor à variável, incluindo o identificador <*idvar* > .
read(<iv1>, <iv2>, ...)	read(<iv1>, <iv2>, ...);	Atribuir valores às variáveis <iv1>, <iv2>, etc.

É de notar que a instrução de leitura apenas diz respeito a variáveis, não podemos ler constantes ou valores. Ao ler uma variável num programa PASCAL, o programa fica suspenso à espera que seja introduzido um valor através do teclado. Uma vez introduzido o valor, valida-se com a tecla enter, e o programa retoma a execução com as instruções seguintes (read(a, b, c); read(height);).

a.2: Saídas (Escrita):

Uma instrução de saída permite-nos, num programa, apresentar um resultado (dados processados) ou uma mensagem (cadeia de caracteres). Isto é conseguido através da operação de escrita. A sintaxe e a semântica de um script são as seguintes: a leitura é a seguinte:

Note-se que a instrução de escrita não diz respeito apenas a variáveis, podemos escrever constantes, valores ou expressões (aritméticas ou lógicas). Podemos mostrar um valor e saltar a linha

Tabela 3.2: A sintaxe e a semântica da escrita.

Algoritmo	**PASCAL**	**Significado**
write(< *idvar* > | < *isconst* > | < *value* >, < *expression* >)	write(< *idvar* > | < *idconst* > | < *valeur* >, < *expression* >); *writeln*(< *id,ar* > | < *idconst* > | < *valeur* >,< *expression*	Apresentar um valor de uma variável, constante, valor imediato ou calculado através de uma

40 https://www.merriam-webster.com/dictionary/algorithm

41 https://www.simplilearn.com/tutorials/data-structure-tutorial/ what-is-an-algorithm

	>);	expressão...
ler(<iv1>, <iv2>, . . .)	read(<iv1>, <iv2>, ...);	Atribuir valores às variáveis <iv1>, <iv2>, etc.

imediatamente após a utilização da instrução: (writeln).

Exemplos :

Quadro 3.3: Exemplos de sintaxe e semântica da leitura.

escrever ('Olá');	mostrar a mensagem Hello
escrever(a, b, c);	mostrar os valores das variáveis a, b e c
escrever(a+b-c);	apresentar o resultado da expressão aritmética: a+b-c
escrever(5<2);	apresenta o resultado da comparação 5 < 2, o resultado é o valor booleano FALSO
escrever('O valor de x : ', x);	????

b.: Instrução de atribuição:

Uma atribuição consiste em atribuir um valor (imediato, constante, variável ou calculado através de uma expressão) a uma variável. A sintaxe de uma atribuição é:

<id_varialbe> = OR <- < *valeur>/<id_variable>/<expression* >
<id_varialbe> := *<valeur>/<id_variable>/<expression>* ;

<id_varialbe> = OR <-< *valeur>l<id_variable>l<expression* >

<id_varialbe> := < *valeur*>|< *id_variable*>|*<expression>* ;

Uma atribuição tem duas partes: a parte esquerda, que representa sempre uma variável, e a parte direita, que pode ser: um valor, uma variável ou uma expressão. A condição para que uma atribuição seja correta é que: a parte direita deve ser do mesmo tipo (ou tipo compatível) que a parte esquerda.

Exemplos :

Tabela 3.4: Exemplos de sintaxe e semântica da leitura.

a = 5 a:=5;	Mas o valor 5 na variável a
a= 5 b:=a+5; B	Mas o valor da expressão a+5 na variável B
sup a>b sup:=a>b;	a>b dá um resultado booleano, pelo

	que sup é uma variável booleana

c. Estruturas de controlo :

Em geral, as instruções de um programa são executadas sequencialmente: a primeira instrução, depois a segunda, depois a terceira, e assim por diante. No entanto, em vários casos, é necessário escolher entre dois ou mais caminhos de execução (uma escolha entre duas ou mais opções) ou repetir a execução de um conjunto de instruções, para isso precisamos de estruturas de controlo para controlar e escolher caminhos de execução ou refazer o processamento várias vezes. As estruturas de controlo são de dois tipos: Estruturas de controlo condicionais e estruturas de controlo repetitivas (iterativas) [42,43], [11].

c.1. Estrutura alternativa (estruturas condicionais) :

Estas estruturas são utilizadas para decidir a execução de um bloco de instruções; este bloco é executado ou não. Ou para escolher entre a execução de dois blocos diferentes. Temos dois tipos de estruturas condicionais:

- **Teste alternativo simples** (se <cond> então):

Um teste simples contém um único bloco de instruções. Dependendo de uma condição (expressão lógica), decidimos se o bloco de instruções é ou não executado. Se a condição for verdadeira, executamos o bloco, caso contrário, não o executamos. A sintaxe de um teste alternativo simples é a seguinte:

Algo : if <condition (s)> then <instruction (s)>; Endif
Pascal: if <condition (s)> then begin <instruction (s)>; end;

```
Read(x);
  if (x>2) then
     x:= x + 3;
  endif
 write('x=', x);
```

```
Read(x);
  if (x>2) then
    begin
      x:= x + 3;
    end;
writeln('x=', x);
```

Algo : if <condição (s)> then <instrução (s)>; Endif

Pascal: se <condição (s)> então começa <instrução (s)>; fim

[42]https://www.merriam-webster.com/dictionary/algorithm
[43]https://www.simplilearn.com/tutorials/data-structure-tutorial/ what-is-an-algorithm

Figura 3.3: Exemplo de um algoritmo/programa Teste alternativo simples

NB : Na linguagem PASCAL, um bloco é delimitado pelas duas palavras-chave begin e end. Se o bloco contém uma única instrução, begin e end são facultativos (podem ser suprimidos).

- **Teste duplo alternativo** (if <cond> then else):

Um teste duplo contém dois blocos de instruções: temos de decidir entre o primeiro bloco e o segundo. Esta decisão é tomada de acordo com uma condição (expressão lógica ou booleana) que pode ser verdadeira ou falsa. Se a condição for verdadeira, executamos o primeiro bloco, caso contrário, executamos o segundo.

Algo : if <cond(s)> then <instr(s)>; else <instr(s)>; Endif
Pasc :if <cond(s)> then begin <instr(s)>; end; else begin <instr(s)>; end;

```
Read(x);
  if (x>2) then
     x = x + 3;
  else
    x = x * 3;
  endif
 write('x=', x);
```

```
Read(x);
  if (x>2) then
     x := x + 3;
  else
     x := x * 3;
writeln('x=', x);
```

Algo : se <cond(s)> então <instr(s)>; senão <instr(s)>; Endif

Pasc :if < cond(s)> then begin <instr(s)>; end; else begin <instr(s)>; end;

Figura 3.4: Exemplo de um algoritmo/programa Teste duplo alternativo

— Na linguagem PASCAL, nunca se deve colocar um ponto e vírgula antes de else.

— No exemplo anterior, podemos remover begin end do if e those do else, uma vez que existe apenas uma instrução nos dois blocos.

Exercício: Escreva um algoritmo (e um programa PASCAL) que lhe permita indicar se um número inteiro é par ou não.

c.2 Estrutura repetitiva (iterativa) :

As estruturas repetitivas permitem-nos repetir um tratamento um número finito de vezes. Por exemplo, queremos mostrar todos os números primos entre 1 e N

(N é um número inteiro positivo)[44] ,[45] . Temos três tipos de estruturas iterativas (loops):

— **Para o Loop :**

A estrutura de controlo repetitivo (for) utiliza um índice inteiro que varia (com incremento = 1) de um valor inicial para um valor final. No final de cada iteração, o índice é incrementado em 1 automaticamente (implicitamente).

A sintaxe do ciclo for é a seguinte: executamos o primeiro bloco, caso contrário, executamos o segundo.

```
For <index> = <vi> To <vf> Do

    <instruction (s)>;

endfor;
```

```
For <index> := <vi> To <vf> Do
begin
    <instruction (s)>
end;
```

Figura 3.5: Exemplo de um algoritmo/programa, For Loop

NB : <index>: variável inteira <vi>: valor inicial <vf>: valor final.

- O ciclo for contém um bloco de instruções (as instruções a repetir). Se o bloco contiver uma única instrução, o início e o fim são opcionais.

- O bloco será repetido muitas vezes = (<vf> = <vi> + 1) se o valor final for maior ou igual ao valor inicial.

- O bloco será executado para <index> = <vi>, para <index> = <vi>+1, para <index> = <vi>+2, ..., para <index> = <vf>.Nunca se deve colocar um ponto-e-vírgula após a palavra-chave do do. (erro lógico).

- Enquanto o loop :

A estrutura de controlo repetitivo while utiliza uma expressão lógica ou booleana como condição de acesso ao loop, se a condição for verificada (der um resultado verdadeiro: TRUE) então entramos no loop, caso contrário saímos dele. A sintaxe do laço de repetição é a seguinte:

```
Whille <condition (s)> do

    <instruction (s)>;

endWhille;
```

```
Whille <condition (s)> do

 begin
    <instruction (s)>
 end;
```

[44]https://www.simplilearn.com/tutorials/data-structure-tutorial/ what-is-an-algorithm
[45]https://homepages.uc.edu/~thomam/Intro_OOP_Text/Loops.html

Figura 3.6: Exemplo de um algoritmo/programa, While Loop

NB : <condição>: expressão lógica que pode ser verdadeira ou falsa.

— O bloco de instruções é executado enquanto a condição for verdadeira. Quando a condição é falsa, paramos o ciclo e continuamos a executar a instrução que vem depois do fim Enquanto (depois do fim).

— Tal como o ciclo for, nunca se deve colocar um ponto e vírgula depois de do.

— Qualquer ciclo for pode ser substituído por um ciclo while, no entanto, o inverso nem sempre é possível.

- Repetir o ciclo :

A estrutura de controlo repetitivo repeat utiliza uma expressão lógica ou booleana como condição de saída do ciclo: se a condição for verificada (der um resultado verdadeiro: TRUE), saímos do ciclo, caso contrário acedemos ao mesmo (repetimos a execução do bloco). A sintaxe do ciclo de repetição é a seguinte:

NB : <condição>: expressão lógica que pode ser verdadeira ou falsa.

```
repet                            repet
                                  begin
     <instruction (s)>               <instruction (s)>
                                  end;
until <condition (s)>            until <condition (s)>
```

Figura 3.7: Exemplo de um algoritmo/programa, laço de repetição

Executamos o bloco de instruções até obtermos a condição correta. Quando a condição é verificada, paramos o loop e continuamos a executar a instrução que vem depois de until (depois de until). No laço de repetição, não usamos begin e end para delimitar o bloco de instruções (o bloco já está delimitado por repeat e until). A diferença entre o laço de repetição e o laço while é:

— A condição para repetir e sempre o oposto da condição while: para repetir é a condição de saída do loop, e para while é a condição de entrada.

— O teste de condição está no fim do ciclo (o fim da iteração) para repetir. Por outro lado, está no início da iteração para o laço while. Ou seja, no while testamos a condição antes de entrar na iteração, e no repeat, fazemos a iteração depois de testarmos a condição.

d. Estrutura de controlo de ramificação/salto (a instrução Goto):

Uma instrução branch permite-nos saltar para uma localização no programa e continuar a execução a partir dessa localização[46] .Tomakea ligação, é necessário indicar primeiro o destino da ligação através de uma etiqueta <num_etiq>. Depois saltamos para este local com a instrução go to <num_etiq> (em Pascal: goto < num_etiq>). A sintaxe para uma ramificação é a seguinte:

```
Goto <num_etiq>
   ..........
   <instruction (s)>
   ..........
<num_etiq>
```

Figura 3.8: Estrutura de controlo dos saltos

NB: Uma etiqueta representa um número (inteiro), por exemplo: 1, 2, 3, etc.

- Num programa PASCAL, é necessário declarar as etiquetas na parte da declaração com a palavra-chave label. (vimos const para as constantes e var para as variáveis)
- Uma etiqueta designa um único lugar no programa, nunca se pode indicar dois lugares com a mesma etiqueta.
- Um salto ou ramificação pode ser para uma instrução anterior ou posterior (antes ou depois do salto)

No exemplo acima, existem duas etiquetas: 1 e 2. O rótulo 1 refere-se à última instrução do algoritmo/programa (escreve(c) / escreve(c) ;), e o rótulo 2 refere-se à terceira instrução do algoritmo/programa (c a; / c:= a;). Para executar o algoritmo, usamos a seguinte tabela (a = 2 e b = 5):

- Existem dois tipos de ligação: tem. ligação incondicional: é uma ligação incondicional, não pertence a um bloco if ou a um bloco otherwise. O bloco "ir para 2

[46]https://www.geeksforgeeks.org/c-sharp-jump-statements-break-continue-goto-return-and-throw/

```
Algorithme Branching;
variable a, b, c:integer;
label 1 , 2;
Star
     read(a,b);
     2:  c:=a;
       if (a>b) then
           goto 1;
       Endif;
     a := a + 5;
goto 2;
     1:  write(c);
end.
```

```
program Branching;
uses wincrt;
var a, b, c:integer;
    label 1 , 2;
begin
    read(a,b);
    2:  c:=a;
     if (a>b) then
          goto 1;
    a := a + 5;
goto 2;
    1:  write(c);
End.
```

Figura 3.9: Exemplo: Programa de algoritmo, estrutura de controlo de saltos

Tabela 3.5: Exemplo (resultado apresentado): Programa de algoritmo, controlo de saltos estrutura.

Instruções Variáveis	a	b	c
c = a ;	2	5	?
a > b <- falso se a = 2 e b =5 não entramos no bloco se a = a + 5;	2	5	2
goto : 2 c = a;	7	5	2
a>b<-truesincea=7andb=5weentertheifblockgoto1=> write (c)	7	5	7

é um salto incondicional no exemplo anterior.

- Ramo condicional: Por outro lado, uma ramificação condicional é um salto que pertence a um bloco if ou a um bloco else. A instrução go to 1 (goto 1) do exemplo anterior é um salto condicional, uma vez que pertence ao bloco if.

3.4 Representação do organigrama :

Um fluxograma é a representação gráfica da resolução de um problema. É semelhante a um algoritmo. Cada tipo de ação no algoritmo tem uma representação no fluxograma[47] . É preferível utilizar a representação algorítmica do que a representação em fluxograma, sobretudo quando o problema é complexo. As desvantagens que podem ser encontradas ao usar fluxogramas são:

- Quando o organigrama é longo e ocupa mais de uma página,

[47]https://www.researchgate.net/figure/Organizational-chart-of-algorithms fig5_358474004

- Problema de sobreposição de setas,
- Mais difícil de ler e compreender do que um algoritmo.

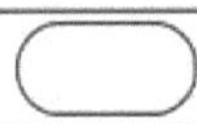	Represents the start and end of Algorithm
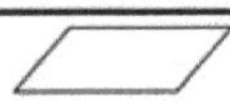	Inputs/Outputs: Reading data and writing results.
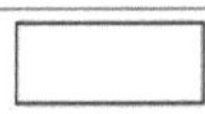	Calculations, Treatments
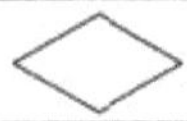	Tests and decision: we write the test inside the diamond
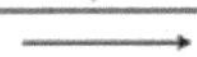	Order of execution of operations (Sequencing)
	Connector

	Representa o início e o fim do Algoritmo
	Entradas/Saídas: Ler dados e escrever resultados.
	Cálculos, tratamentos
	Testes e decisão: escrevemos o teste dentro do diamante
	Ordem de execução das operações (Sequenciamento)
	Conector

Figura 3.10: Símbolo do organigrama

3.4.1 Representação de primitivas algorítmicas :

A sequenciação permite-lhe executar uma série de acções pela ordem em que aparecem. Sejam A1, A2, . . . seja uma série de acções, a sua sequência é representada da seguinte forma

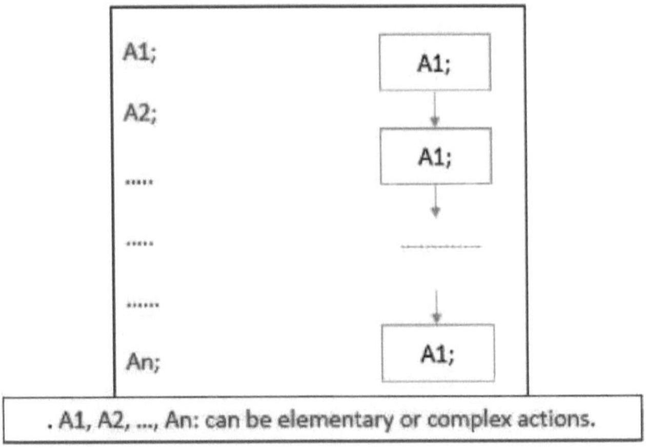

Figura 3.11: Representação de primitivas algorítmicas.

a. A estrutura alternativa simples :

Se a condição for verificada, o bloco <action(s)> será executado; caso contrário, nada, e continuamos a executar a instrução após o fim do if.

As condições utilizadas para os testes (simples ou duplos) são expressões lógicas ou booleanas, ou seja, expressões cuja avaliação dá VERDADEIRO ou FALSO. Qualquer comparação entre

```
If < condition (s)> then
    <Action (s)>
Endif
```

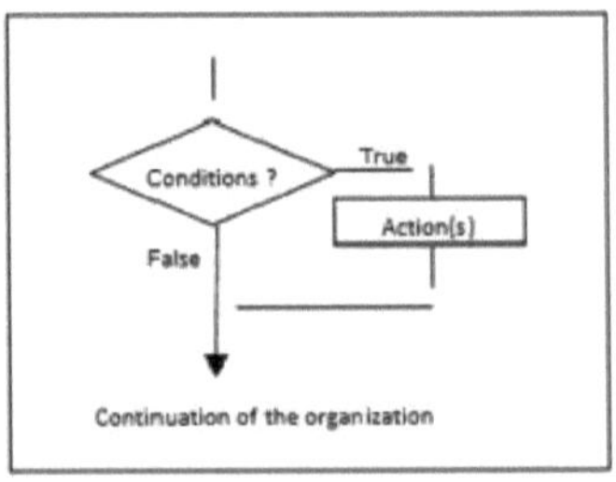

Figura 3.12: Representação da estrutura alternativa simples.

dois números representa uma expressão lógica. Podemos formar expressões lógicas a partir de outras expressões lógicas utilizando os seguintes operadores: Not, Or e And.

Exemplos: (x >= 5): é uma expressão lógica, é verdadeira se o valor de x for maior ou igual a 5. É falsa caso contrário. Não (x >= 5): E.L. que só é verdadeira se o valor de x for menor que 5. (x >=5) E (y<=0): E.L. que é verdadeira se x for maior ou igual a 5 e y menor ou igual a 0.

b. A estrutura dupla alternativa :

```
Algorithmic representation

If <condition (s)> then
|     <action1 (s)>
else
|     <action2 (s)>
endif
```

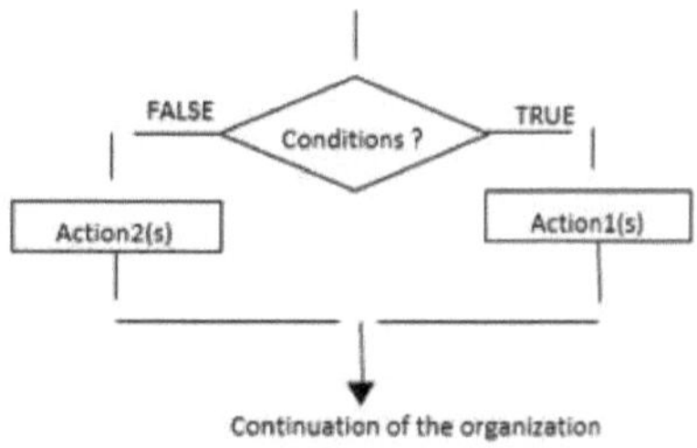

Figura 3.13: Representação da estrutura alternativa dupla.

Se a condição for verificada, o bloco <action1(s)> será executado, caso contrário (se for falso) executamos <action2(s)>.

c. A estrutura FOR iterativa (laço FOR) :

```
Algorithmic representation

For<cpt> =<iv> To <fv> then
|
|   <action1 (s)>
|
endFor
```

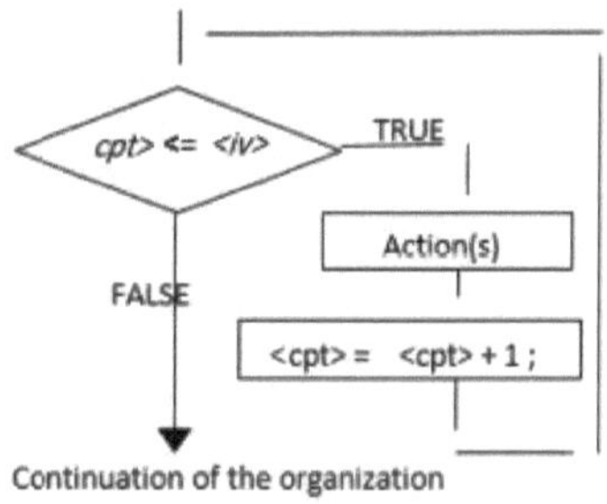

Figura 3.14: Representação da estrutura iterativa FOR (FOR Loop).

No laço FOR, executamos o bloco <acitons> (<vf> <vi> + 1) vezes. Isso no caso em que <vf> é maior ou igual a <vi>. Caso contrário, o bloco de acções nunca será executado.

O fluxo do ciclo FOR é expresso da seguinte forma:

1 - a variável inteira <cpt> (o contador) assume o valor inicial <vi>;

2 - comparamos o valor de <cpt> com o de <vf>; se <cpt> for maior do que <vf>, saímos do ciclo;

3 - se <cpt> for menor ou igual a <vf>, executamos o bloco <ac- ção(ões)>;

4 - o laço FOR incrementa automaticamente o contador <cpt>, ou seja, adiciona um (<cpt> < cpt> + 1);

d. A estrutura iterativa While (laço While) :

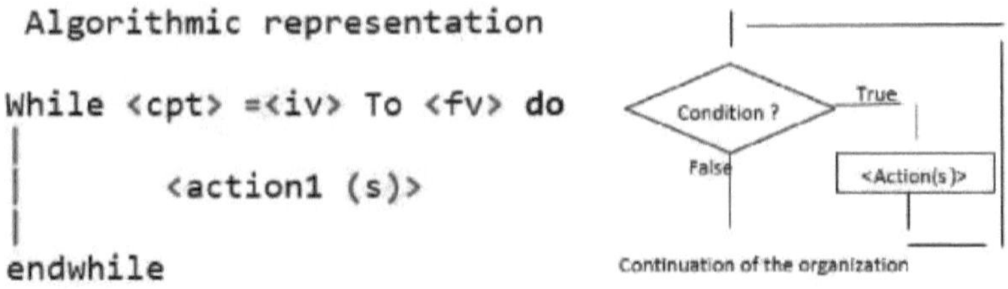

Figura 3.15: Representação da estrutura iterativa While (laço While).

Executamos o bloco de instruções <acções> enquanto a <condição> for verificada (ou seja, for verdadeira). A sequência do ciclo é a seguinte:

1 - Executamos o bloco <action(s)>;

2 - Avaliamos a condição: se a condição for verificada (for verdadeira), saímos do ciclo (continuamos o resto do algoritmo);

3 - se a condição não for verificada (é falsa), voltamos a 1.

e. A estrutura iterativa Repetir (Repeat Loop) :

Repetimos a execução do bloco <action(s)> até obtermos a condição correta. O procedimento é o seguinte:

1 - Executamos o bloco <action(s)>;

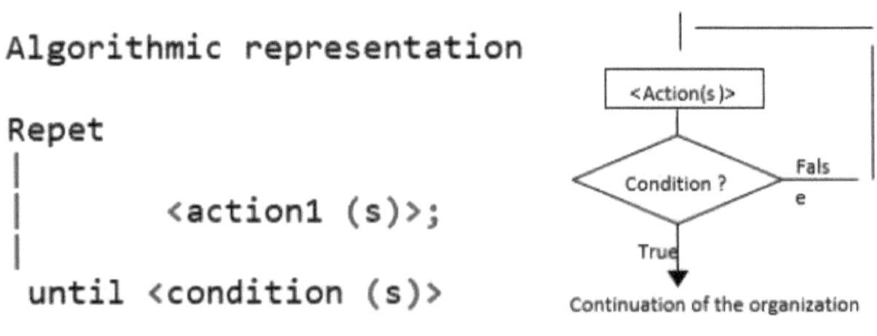

Figura 3.16: Representação da estrutura iterativa Repeat (laço de repetição).

2 - Avaliamos a condição: se a condição for verificada (for verdadeira) saímos do loop (continuamos o resto do algoritmo);

3 - se a condição não for verificada (é falsa), voltamos a 1.

Conclusão

No final deste livro, o aluno, ou quem quer que leia este livro, terá adquirido uma quantidade importante de conhecimentos sobre a informática elementar, especialmente as partes do computador, e os seus conteúdos, tratando da informação (entrada, saída e armazenamento) até às transformações de dados ou codificação, e no final do livro encontramos o conceito de algoritmo, que é o primeiro bloco de construção do programa; as suas secções e o conteúdo de cada secção.

Depois de estudar e recolher tudo isto, o leitor estará pronto a compreender como funcionam as linguagens de programação e como transformar qualquer fenómeno num programa numa linguagem de programação específica.

Bibliografia

[1] BROOKSHEAR, J. Glenn. Ciência da computação: Uma visão geral. Benjamin-Cummings Publishing Co., Inc., 1991.

[2] SCARDAMALIA, Marlene et BEREITER, Carl. Computer support for knowledge-building communities. The journal of the learning sciences, 1994, vol. 3, no 3, p. 265-283.

[3] GALLIER, Jean H. Lógica para a informática: fundamentos da prova automática de teoremas. Publicações Courier Dover, 2015.

[4] GOZIM, Djamal e GUESMI, Kamel. Logique Combina- toire Et Séquentielle. 2019.

[5] VUILLEMIN, Jean. As linguagens numéricas. Mecânica dos signos e linguagens das ciências, 2003, p. 145.

[6] ROCHAIN, Serge. De la mécanographie à l'informatique: 50 ans d'évolution. Grupo ISTE, 2016.

[7] ZANELLA, Paolo, LIGIER, Yves, e METRAL, Claudine. Arquitetura e tecnologia dos computadores portáteis. Dunod, 1989.

[8] DOWEK, Gilles. Os quatro conceitos de informática. In : Ciências e tecnologias da informação e da comunicação no meio educativo: Análise de práticas e desafios
didácticas. Athènes: Edições Novas Tecnologias, 2011. p. 21-29.

[9] ARSAC, Jacques. Algoritmia e linguagens de programação. Bulletin de l'EPI (Enseignement Public et Infor- matique), 1991, no 64, p. 115-124.

[10] LONGEAU, Thierry. La Virtualisation des systèmes d'information. 2016.

[11] BOUCHERIT, Ammar. Algorithmique et Structures de données I.https://elearning.univ-eloued.dz/ pluginfile.php/36767/mod_resource/content/1/ cours%20Informatique%201.pdf

[12] BABOULET-FLOURENS, Pascale. Ce que peut cacher un organigramme. Dinosaures, cow-boys et casques à pointe dans un centre de la navigation aérienne. Associação Terrain, 2007.

Dr. BERHOUM Adel

adel-berhoum@univ-eloued.dz

LIAP, Laboratório, Universidade de El Oued, Universidade de El Oued, PO Box 789. El-Oued, Argélia

MIX
Papier aus verantwortungsvollen Quellen
Paper from responsible sources
FSC® C105338

Printed by Books on Demand GmbH, Norderstedt / Germany